El verano

Julie Murray

Abdo
LAS ESTACIONES
Kids

abdopublishing.com

Published by Abdo Kids, a division of ABDO, PO Box 398166, Minneapolis, Minnesota 55439.
Copyright © 2016 by Abdo Consulting Group, Inc. International copyrights reserved in all countries.
No part of this book may be reproduced in any form without written permission from the publisher.

Printed in the United States of America, North Mankato, Minnesota.

052015

092015

 THIS BOOK CONTAINS
RECYCLED MATERIALS

Spanish Translator: Maria Puchol

Photo Credits: iStock, Shutterstock

Production Contributors: Teddy Borth, Jennie Forsberg, Grace Hansen

Design Contributors: Candice Keimig, Dorothy Toth

Library of Congress Control Number: 2015941672

Cataloging-in-Publication Data

Murray, Julie.

[Summer. Spanish]

El verano / Julie Murray.

p. cm. -- (Las estaciones)

ISBN 978-1-68080-347-1

Includes index.

1. Summer--Juvenile literature. 2. Seasons¬--Juvenile literature. 3. Spanish language materials—Juvenile literature. I. Title.

508.2--dc23

2015941672

Contenido

El verano

El verano es una de las cuatro estaciones del año.

La primavera

El verano

El invierno

El otoño

El aire es caluroso en
el verano. Los días son largos.

Las hojas están verdes.

Las flores son coloridas.

Los jardines crecen
durante el verano.

Finn **recoge** los tomates.

Los animales intentan refrescarse. La vaca descansa a la **sombra**.

¡El verano puede ser divertido!

A Julia le gusta pescar.

Lucy juega en la playa.

John nada en la piscina.

Addy **disfruta** de un picnic.

Ryan juega al béisbol.

¿Qué harás este verano?

Lo divertido del verano

hacer burbujas

ir a la piscina

ir al parque

montar en bicicleta

Glosario

disfrutar
pasar un buen rato.

sombra
zona donde hay poca luz porque
algo bloquea el sol.

recoger
agarrar de un tirón.

Índice

abdokids.com

¡Usa este código para entrar en abdokids.com y tener acceso a juegos, arte, videos y mucho más!

Código Abdo Kids:
SSK9215